RÉPONSE

A LA

BROCHURE DE M. SÉNÉQUIER

(TOULON CHEF-LIEU DU VAR)

PAR

M. VERRION, Avocat.

1861.

Draguignan, imp. de P. Gimbert, place du Rosaire, 4.

TOULON CHEF-LIEU DU VAR! Tel est le titre d'une brochure publiée récemment à Toulon pour prouver que le siége de la Préfecture doit être transféré dans cette ville.

Quelque mérite de rédaction que nous nous plaisions à reconnaître dans cet écrit, nous nous serions abstenus d'y répondre, parce que la question qu'il traite a été trop souvent discutée et trop souvent résolue. Mais sa publication a été précédée et suivie de démarches actives auprès des membres de divers corps délibérants. Ces démarches ont eu pour résultat de réveiller des susceptibilités endormies depuis soixante ans, de répandre dans tout le département une agitation regrettable.

Dans un pareil état de choses, répondre est un devoir ; devoir de déférence vis-à-vis de ceux de nos concitoyens qui peuvent encore regarder la question comme sérieuse ; devoir vis-à-vis de ceux qui voient leurs intérêts profondément troublés par la renaissance de cette question.

Il est fort utile avant tout d'étudier ses précédents.

En 1790, les assemblées électorales du Var qui devaient se réunir alternativement dans chacun de ses neuf districts, se réunirent pour la première fois à Toulon. On y délibéra sur la résidence à fixer au Directoire du département. Des prétentions rivales agitèrent l'assemblée. On ne put arriver à une décision, et l'on renvoya la question à l'assemblée nationale qui désigna Toulon.

Après les évènements de 1793 et l'occupation de Toulon par les Anglais, le directoire du département fut transféré à Grasse. Cette ville le conserva jusques en l'an IV. Puis il fut fixé provisoirement à Brignoles et enfin la loi du 9 floréal an V, trancha la question en ces termes : « L'administration cen- « trale et les tribunaux civil et criminel du dépar- « tement du Var sont définitivement fixés à Dra- « guignan. »

Maximin Isnard, député à l'assemblée nationale, écrivait à cette époque à la municipalité de Dragui-

gnan : « Nous voilà en possession de ce que nous
« désirions, d'une manière d'autant plus solide
« que l'on a suivi les formes constitutionnelles, » —
« les intérêts de Draguignan sont ceux de tous les
« administrés. » (Lettre du 10 floréal an V.)

Cette loi du 9 floréal an V, rendue en effet d'après
les formes constitutionnelles, n'était pas le fruit
d'une appréciation légère. L'assemblée nationale
éclairait ses délibérations par une expérience et par
des discussions de plusieurs années. Plusieurs villes du Var : Toulon, Brignoles, le Luc, Lorgues,
Draguignan, Grasse, s'étaient disputé l'honneur de
recevoir les administrateurs du département. Chacune avait soutenu ses prétentions. Le chef-lieu
avait successivement été Toulon, Grasse, Brignoles.
Roger-Ducos, rapporteur de la commission avait
tous les documents sous les yeux. Il les soumettait
au Corps Législatif. La question avait fait l'objet
d'une étude sérieuse.

Quelques années après, un autre organisateur
prend les rênes du gouvernement. Le 18 brumaire
a remplacé le Directoire par le Consulat.

Le premier consul crée la France moderne. Il
règle son administration nouvelle.

Deux lois des 28 pluviôse et 7 floréal an VIII (17

février et 27 avril 1800), sont presque simultané-
ment promulguées ; elles sont évidemment le fruit
d'une conception unique et d'une combinaison politique.

La première, trace la division du territoire fran-
çais et organise l'administration civile. Elle institue
les préfectures et les sous-préfectures, les Conseils
généraux et d'arrondissement.

La seconde, divise le territoire maritime de la
France en six arrondissements, désigne les chefs-
lieux de chacun d'eux et y institue un préfet maritime.

Comme trait d'union entre ces deux lois, il faut
mentionner l'arrêté des consuls en date du 17 ventôse
an VIII (8 mars 1800), qui désigne les villes où seront
fixées les préfectures et sous-préfectures.

Il est impossible de soutenir que ce fut sans motifs politiques et de haute administration que Draguignan fut choisi par le premier consul comme
chef-lieu d'administration civile, en même temps
que Toulon l'était comme chef-lieu d'arrondissement
maritime, que Quimper fut choisi en présence de
Brest, Saintes en présence de Rochefort, Vannes en
présence de Lorient.

Le rédacteur de la brochure essaie en vain d'at-

tribuer cette mesure à des causes qui y sont étran-
gères. Les souvenirs de 93 qui, d'après lui, ont été
cause de l'exclusion de Toulon, ne s'élevàient pas
contre Brest, Lorient, Rochefort.

Ainsi la Préfecture fut établie à Draguignan par
la même combinaison qui instituait la préfecture
maritime à Toulon.

Ainsi une loi constitutionnelle désignait, de même qu'en l'an V, Draguignan comme chef-lieu du
Var.

Il semble que, devant de pareils monuments législatifs, toute réclamation devrait se taire. Il n'en a
rien été. Et l'on s'étonne vraiment en voyant la persistance qu'une seule ville, Toulon, a mise à renou-
veler ses prétentions sans cesse repoussées.

Dès 1813, le Conseil général, saisi d'un vœu émané
de Toulon, délibérait, à une grande majorité, qu'il n'y
avait pas lieu de demander à Sa Majesté que le
chef-lieu fût transféré à Toulon. La délibération se
terminait ainsi : « D'ailleurs, Sa Majesté ayant dé-
« claré que l'ordre établi dans les départements ne
« serait pas changé, les habitants du Var n'ont au-
« cun motif de craindre que la translation de la
« Préfecture à Toulon puisse avoir lieu jamais. »

Chaque changement de gouvernement a été pour

Toulon une cause d'espoir et de nouvelles insis-
tances.

En 1814, le comte d'Artois visite Toulon. Il est
l'objet des plus vives sollicitations. L'espoir que sa
présence ou ses paroles firent naître, avait été tel
que les Toulonnais agissaient encore en 1819. Une
lettre de M. le vicomte Siméon, ancien préfet du Var,
datée du 20 novembre 1819, témoigne à la fois de
la persistance et de l'inutilité de leurs démarches :

« Je ne crois pas, dit-il, avoir été aveuglé par
« cet intérêt (que je porte à Draguignan), en me
« prononçant pour cette ville. En effet, les raisons
« solides qui y firent placer la Préfecture subsistent
« encore toutes aujourd'hui, et Toulon, qui a des
« droits à la bienveillance du gouvernement, n'a
« pas besoin de la présence du préfet pour être une
« ville de haute importance. »

En 1823, la duchesse d'Angoulême fait un voyage
dans les provinces du Midi. La ville de Toulon place
sa demande sous le patronage de cette princesse.
On sait si ce patronage pouvait être alors efficace.
A coup sûr, Toulon aurait réussi s'il avait demandé
une chose juste et possible. La question fut vivement
débattue. Elle donna occasion à M. le comte Siméon,
l'ancien, l'un des rédacteurs du Code Napoléon,

d'écrire à M. le Maire de Draguignan, une lettre où sont exposées avec netteté les principales raisons qui décidèrent le gouvernement de la Restauration (que la proclamation de Louis XVII, à Toulon, en 1793, n'indisposait pas sans doute contre cette ville), à ne pas prendre en considération une demande qui se présentait cependant sous un bien haut patronage. (*)

Deux fois encore, sous le gouvernement qui suivit la révolution de 1830, la question fut proposée et discutée.

En 1846, les représentants du département apportèrent une nouvelle consécration aux vœux de la presque unanimité des habitants du Var. Il s'agissait de doter le chef-lieu d'un monument qui fût plus

(*) Reubek, près Melun, le 27 juin 1823.

Monsieur le Maire,

Je reçois à la campagne la lettre que vous m'avez fait l'honneur de m'adresser le 7 de ce mois relativement à la prétention renouvelée de la ville de Toulon, de devenir le chef-lieu du département, au préjudice de Draguignan. Étranger à ces deux villes par ma résidence, les affectionnant également toutes deux comme faisant partie d'une province à laquelle beaucoup de liens m'attachent et que j'ai eu l'honneur d'administrer autrefois en qualité d'assesseur d'Aix et de procureur du pays, je ne puis tenir entre elles qu'une balance égale, et si, dans cette

digne que l'ancien de recevoir la première autorité
du département. Malgré l'opposition secrète ou pa-
tente des membres du Conseil appartenant aux cantons de l'arrondissement de Toulon, la mesure fut
votée, et bientôt, un bel hôtel de préfecture, entouré
d'un parc et d'un jardin, s'éleva dans le plus beau
quartier de la ville. Comme pour lui faire cortége

question, je prends le parti de Draguignan, c'est par la con-
viction où je suis, comme je l'étais en 1819, qu'il n'y a pas
lieu à changer le siége de la préfecture.

On ne doit pas, sans nécessité ou sans de puissants motifs
d'utilité, innover et troubler une ancienne possession; il en résulte toujours des dépenses, et, ce qui est pire, un grand dérangement dans les habitudes d'un pays et dans l'état de la
fortune d'un nombre considérable d'habitants.

La ville de Draguignan perdrait beaucoup si on lui enlevait la
préfecture, on lui arracherait tous les avantages qu'elle en a
recueillis, et ils profiteraient moins à Toulon qui a d'autres et
de bien plus grandes ressources. La perte serait immense
pour Draguignan, le gain ne serait pour Toulon que du su-
perflu.

Mais, indépendamment de l'intérêt des deux villes, il faut
considérer celui de l'administration et du département. Il y a
déjà à Toulon deux autorités rivales: la marine et la terre.
Leurs querelles donnent plus d'une fois de l'embarras; il sera
augmenté, si on y porte une troisième autorité. Je serai toujours étonné qu'un Préfet du Var désire quitter Draguignan,
pour aller se mettre à côté de l'intendant de la marine (préfet
maritime) et du commandant de Toulon. Quelque facilité de ca-

et saluer son installation, des maisons nombreuses, bien bâties, vinrent se grouper aux environs et former presque une ville nouvelle.

Les lois, les arrêtés, l'opinion de tant d'hommes éminents, les vœux des populations exprimées par leurs représentants locaux, le témoignage muet mais éloquent d'un hôtel de préfecture, construit à

ractère, quelque désir de bonne intelligence qu'aient ces fonctionnaires, les droits ou les préséances des places de guerre feront naître des disputes qui, lors même qu'elles ne brouilleraient pas les personnes, nuiraient aux affaires, en amenant mille petites contrariétés. Les mêmes motifs qui ont empêché d'établir la préfecture à Brest et qui lui ont fait préférer une ville moins importante, existent entre Toulon et Draguignan.

De plus, la position seule de Toulon devrait être un obstacle au changement proposé. Toulon est à l'extrémité du département............... A la trop grande distance pour les arrondissements de Draguignan et de Grasse se joint la difficulté des accès d'une place de guerre dont les portes sont plus tôt fermées et plus tard ouvertes que partout ailleurs.

Que si l'on disait que Marseille est, comme Toulon, à l'extrémité des Bouches-du-Rhône, mille raisons détruiraient cet argument..... . Toutes les routes aboutissent à Marseille. Elle est le centre d'un grand commerce. Tout le monde y a affaire; il n'en est pas ainsi de Toulon, ville purement militaire et maritime. La préfecture des Bouches-du-Rhône avait d'abord été établie à Aix où elle était plus centrale, elle fut portée à Marseille par un arrêté rendu dans la vue seule d'augmenter le traitement d'un préfet favorisé; si cet arrêté, contraire à la loi qui grands frais et sur de vastes proportions, tout cela suffira-t-il?

Non !

Fidèle à son système, Toulon qui a vu en 1852 l'aurore d'un pouvoir nouveau, ne manque pas de reprendre son rôle d'infatigable pétition-naire ; les journaux de la localité s'agitent'; les ministres sont assiégés de sollicitations ; le Conseil général est consulté.

Même résultat.

avait désigné les chefs-lieux des préfectures, a subsisté, c'est que la possession de la ville d'Aix avait été très-courte, et que le changement opérait par conséquent peu de mal ; et c'est sur-tout qu'il importait d'avoir dans une ville aussi peuplée, quelquefois aussi remuante que Marseille, l'autorité principale prête à la contenir. La même nécessité ne se présente pas à Toulon où il y a des forces militaires propres à maintenir la tranquillité au-dedans comme au-dehors.

Je ne manquerai pas, Monsieur le Maire, d'exposer ces raisons à Monsieur le ministre de l'intérieur auquel je vais en écrire. Je ne me persuade pas qu'il n'en sente pas toute la force. D'ailleurs, une translation de préfecture n'est pas une affaire à laquelle on procède légèrement. On prend ordinairement l'avis du conseil d'État qui pèse tous les intérêts ....

Peut-être feriez-vous bien d'adresser un mémoire à Mme la duchesse d'Angoulême. Vous diriez qu'étant instruit que Son Altesse Royale a été suppliée par la ville de Toulon d'appuyer les prétentions de devenir le chef-lieu de la préfecture, vous prenez la liberté de faire connaître à Son Altesse Royale les rai-

Enfin, il y a un an à peine, l'annexion de l'arrondissement de Grasse au département des Alpes-Maritimes, paraît encore une occasion favorable. Draguignan a perdu en partie la centralité de sa situation. Et vite, on demande au Conseil général de voter pour le transfert de la Préfecture à Toulon !

Mais si Toulon ne se lasse pas de solliciter, le bon sens et l'équité des membres du Conseil général ne se lassent pas de lui répondre de la même manière. Brignoles et Draguignan réunis lui répondent à l'unanimité.

sons qui combattent cette demande, et que, convaincu de sa justice, vous espérez qu'elle ne voudra pas favoriser une ville aux dépens d'une autre moins riche et moins heureuse, et au préjudice de la plus grande partie du département.

Mme la duchesse d'Angoulême aura envoyé au ministre de l'intérieur la demande de la ville de Toulon, je pense qu'elle y enverrait aussi votre mémoire, et qu'elle se bornerait à désirer que ce qui est juste soit fait. . . . .

(Suivent quelques détails confidentiels qui ne sont pas de nature à être reproduits : la lettre se termine ainsi :)

Je ne pense pas que l'avis d'une personne, *ou si l'on veut*, *de trois* puisse l'emporter sur les égards dûs à une longue possession et sur l'intérêt d'un département.

Je n'oublierai rien du peu que je puis pour le maintien de ce qui est.

Veuillez bien agréer, etc.

SIMÉON.

Telle est la partie historique de la question qui nous occupe.

Nous n'invoquerons pas la chose jugée. On nous répondrait que les décisions en pareille matière sont toujours subordonnées à l'intérêt public.

Nous n'invoquerons pas les lois de l'an V et de l'an VIII, quoique les lois doivent bien enfin être comptées pour quelque chose. Car, de même qu'elles règlent les rapports des citoyens entre eux, elles règlent les rapports des citoyens avec l'État. Elles créent des positions abritées sous leur puissante égide et reposant sur la confiance qu'inspire leur immuabilité.

Mais nous dirons à tous nos concitoyens ·

Pensez-vous qu'il soit juste de remettre incessamment en question ce que tant d'autorités ont réglé définitivement ?

Pensez-vous que si la présence de la Préfecture à Toulon était commandée par des raisons solides, son siége eût été fixé et maintenu à Draguignan par tous les gouvernements qui, depuis soixante ans, ont présidé à nos destinées et qui, *tous*, ont été mis en demeure par Toulon d'étudier et de se prononcer ?

Le département du Var a-t-il subi dans sa composition, dans son administration, un remaniement tellement radical, que ce qui était vrai hier soit devenu une erreur aujourd'hui, et que toutes les raisons d'ordre intérieur, de politique, de morale, qui militaient hier en faveur de la résidence du préfet à Draguignan, conseillent aujourd'hui sa résidence à Toulon ?

Voilà ce qu'il convient d'examiner en se dégageant de toute prévention.

Au premier rang des arguments présentés contre le maintien de la Préfecture à Draguignan, se place celui tiré de la séparation de l'arrondissement de Grasse.

Draguignan, n'avait, nous dit-on, qu'une raison à donner, c'était sa position au centre du département. La centralité est ou topographique ou relative aux populations. Draguignan jouissait de la première. Il n'avait jamais eu la seconde. Aujourd'hui l'une et l'autre lui manquent.

Il est singulier de voir comment les arguments changent avec les circonstances. En 1852, le journal le *Toulonnais*, organe des quelques personnes qui se font encore les promoteurs ardents de la mesure qui nous occupe, disait en parlant de la centralité topographique : « Cet argument est de la force

« de .... quelques kilomètres, Voilà tout. »
(Avril 1852.)

Nous ne suivrons pas cet exemple. Nous dirons
ce que nous avons toujours dit : la Préfecture doit
être placée au centre du département afin que l'action de l'autorité s'exerce avec une égale facilité sur
tous les points et que les relations des habitants
avec elle soient également faciles.

Comparons Draguignan à Toulon au point de vue
de la centralité.

Un coup-d'œil sur la carte du département résout
la question.

Toulon est à l'extrémité Sud Sud-Ouest. De Toulon à la frontière des Bouches-du-Rhône, la distance
est de 28 kilomètres.

Draguignan est à une distance de 44 kilomètres
de la frontière du département des Alpes-Maritimes.

De Toulon à la frontière Nord du département il
y a toute la largeur du département au point où
cette largeur est la plus grande. Draguignan est à
une égale distance de la frontière Nord et de la frontière Sud. Il est réellement au centre dans le sens de
la largeur du département. Au-delà de Draguignan,
vers l'Est, le Nord-Est et le Sud-Est, s'étend un vaste

et riche territoire qui comprend les belles plaines du canton de Fréjus, les forêts d'oliviers des cantons de Callas et de Fayence. Si vous supposez le département divisé en trois bandes égales par des lignes tirées du Nord au Sud, Draguignan sera sur la limite Ouest de la bande orientale, et au centre de la ligne divisoire. Toulon sera à l'extrémité **Sud** de la bande occidentale et à une égale distance des deux lignes qui formeront cette troisième division.

Toulon n'est pas même au centre de son arrondissement. Car une partie du canton de Collobrières est beaucoup plus rapprochée de Draguignan que de Toulon.

D'un autre côté, la plus grande partie de l'arrondissement de Brignoles est beaucoup plus rapprochée de Draguignan que de Toulon. Tels sont les cantons de Cotignac, de Tavernes, de Barjols, de Besse, de Rians.

Si vous considérez la centralité relativement aux populations, les résultats ne sont pas défavorables à Draguignan. Seulement une différence est due à l'agglomération de population que Toulon renferme.

L'arrondissement de Draguignan contient 87,000 habitants.

2

Joignez-y les cantons de Cotignac, de Tavernes, de Barjols, de Besse, de Rians, qui ont 39,656 habitants. Vous avez un total de 126,656 habitants, au centre desquels se trouve Draguignan.

Nous ne comprenons pas dans notre calcul le canton de Brignoles qui est à une égale distance de Toulon et de Draguignan.

Toulon a un arrondissement peuplé de 151,000 habitants. En y joignant les cantons de Roquebrussanne et de Saint-Maximin qui sont plus rapprochés de Toulon que de Draguignan et dont la population totale est de 15,600 habitants, vous obtenez un total de 166,600 âmes (').

Mais dans ce chiffre supérieur Toulon figure pour 87,166 habitants. Or, il ne faut pas oublier qu'il y a à Toulon une population flottante de 35,630 habitants, qui ne peut et ne doit pas être comptée au point de vue de la centralité administrative ; car c'est une population de marins et de militaires qui

---

(') L'exactitude géographique nous fait seule admettre la population du canton de Saint-Maximin dans le chiffre de 166,600 âmes ; car l'intérêt de ce canton est lié à celui de l'arrondissement de Draguignan. Ses rapports administratifs sont avec Brignoles, ses rapports commerciaux avec Marseille.

n'a aucun rapport avec l'administration civile.
Toulon est donc en réalité au centre de 131,000
habitants. Draguignan est au centre de 126,656.

La différence est-elle digne de considération ?

Ainsi Toulon n'est pas plus central que Draguignan relativement à la population.

Draguignan comparé à Toulon est central quant à
la situation topographique, et cette dernière centralité a été du plus grand poids dans le choix des
chefs-lieux.

La séparation de l'arrondissement de Grasse n'a
donc pas changé la question et n'a donné à Toulon
aucun titre nouveau.

La discussion semblerait devoir s'arrêter ici.
Nous venons de prouver que la distraction de l'arrondissement de Grasse, tout en nous imposant
une séparation regrettée, n'a pas fait subir au département une modification très-importante au
point de vue de la centralité de Draguignan, et surtout que rien n'est changé relativement à Toulon qui
n'a acquis aucun avantage sur Draguignan.

Mais on invoque d'autres considérations. Suivons
l'auteur de la brochure, quoique en vérité nous dus-
sions nous contenter d'examiner nos intérêts locaux,

laissant à ceux qui nous gouvernent l'appréciation des intérêts de l'Etat.

L'Etat, d'après l'auteur, est intéressé au transfert de la préfecture à Toulon. « Toulon, dit-il, est une grande ville de 100.000 âmes ; là sont les affaires les plus nombreuses, les plus importantes du département. Là se trouve une population pour laquelle il est utile que l'Etat use du pouvoir que lui donne l'art. 50 de la loi du 5 mai 1855. »

Restons dans le vrai ! Toulon est sans doute une grande ville. Sa prospérité s'accroîtra encore par l'agrandissement projeté. Mais sa population est de 47,000 âmes et non de 100,000 (voir le tableau annexé au décret du 20 décembre 1856). Combien de villes dans l'empire ont une population supérieure et ne sont pas chefs-lieux de leurs départements ! Brest, Rheims, Mulhouse, etc. Une ville de 47,000 et même de 100,000 âmes n'a pas un plus grand besoin de la présence de l'autorité que dix petites villes et quatre-vingt bourgs qui forment un département — et, lorsque l'autorité, pour être placée au sein de la grande ville, doit se reléguer à l'extrémité du département, il n'est pas juste , il ne convient pas à l'intérêt de l'Etat que

cela soit ainsi. Car l'Etat sacrifie tout un département à la grande ville.

On insiste sur l'art. 50 de la loi du 5 mai 1855.
Cet article porte : « dans les communes *chefs-lieux*
« *de département,* dont la population excède 40,000
« âmes, le préfet remplit les fonctions de préfet de
« police, telles qu'elles sont réglées par les disposi-
« tions actuellement en vigueur de l'arrêté des con-
« suls du 12 messidor an VIII. » Deux conditions,
comme on le voit, sont nécessaires pour que la loi
soit applicable : que la commune soit chef-lieu et
qu'elle ait plus de 40,000 habitants. Si ces deux conditions ne se réalisent pas, le maire conserve la
police de sa commune. Il conserve cette prérogative
de veiller à la sûreté « de tous sur le territoire de
« sa commune, qui est à la fois un droit et un de-
« voir dont les municipalités se sont toujours et
« justement montrées jalouses » (expressions de la
brochure.) Or, cette prérogative si précieuse,
qui fait des fonctions municipales un poste d'honneur et de confiance, M. Sénéquier la jette avec
empressement aux pieds du Pouvoir et lui dit : fai-
tes-nous chef-lieu afin de nous en dépouiller !
Nous ne savons si la ville et le corps municipal de
Toulon ratifient les singuliers arguments et les sin-

guliers moyens que M. Sénéquier emploie pour
arriver à ses fins. Chacun doit savoir sacrifier à l'intérêt public et à la conservation de l'ordre ses
franchises les plus précieuses, mais on n'a jamais
vu, je pense, courir au-devant d'un sacrifice que
l'Etat saura demander quand il lui paraîtra nécessaire.

Eh bien ! non ! ne faites pas de Toulon une ville
aussi populeuse, aussi remuante, aussi dangereuse
que vous le supposez ! La population flottante qui
inonde vos rues et vos quais est précisément com-
posée de ceux qui soutiennent l'ordre et le gouvernement ; ce ne sont pas des étrangers dangereux ; ce
sont de braves marins, d'héroïques soldats, ce sont
les ouvriers qui vivent des travaux de l'Etat.

Et le gouvernement ne pensera jamais que Toulon,
dans de pareilles conditions, mérite la surveillance
directe de la haute police de l'Etat !

Est-ce qu'on a jamais songé qu'il fût nécessaire
de rendre la loi du 5 mai 1855, applicable à une
ville gardée par une force armée qui égale presque en
nombre sa population municipale ?

Vous parlez de Saint-Etienne et de Montbrison !
Saint-Etienne avait, au moment du décret qui y a
transféré le chef-lieu du département de la Loire,

une population de 95,000 âmes. Cette population
est exclusivement industrielle et ne se compose
presque que d'ouvriers. Elle s'est accumulée à
Saint-Etienne depuis un temps fort peu éloigné; car
il y a 50 ans, Saint-Etienne n'avait que 16,000 habitants. A cette masse d'ouvriers qui peuplent Saint-
Etienne, il faut ajouter cette multitude d'autres
ouvriers que contient le bassin houiller entre Saint-
Etienne et Lyon : Rive-de-Giers, Givors, etc. L'arrondissement de Saint-Etienne est peuplé de 200,000
ouvriers, soit des manufactures, soit des mines de
houille. On sait si ces populations sont remuantes
dans certains moments. Eh bien ! le gouvernement
a pris une mesure dont chacun peut comprendre le
but. Il a voulu les placer sous la surveillance directe et immédiate du haut fonctionnaire qui administre le département de la Loire, afin que le bassin
houiller, entre les deux grandes villes manufactu-
rières, Lyon et Saint-Etienne, se trouvât resserré
entre deux grands centres d'administration et de
police. Le gouvernement a fait une sage application
de la loi du 5 mai 1855.

C'est ainsi que nous le comprenons. Mais Toulon
ne ressemble en rien par le nombre et l'esprit de
ses habitants à la population de la ville et de l'ar-

rondissement de Saint-Etienne. Dans la ville 47,000 âmes qui vivent presque exclusivement des trésors que l'Etat verse chez eux par les deux canaux de la marine et de la guerre; point ou presque point de manufactures! Les ouvriers de l'arsenal trop peu nombreux pour être l'objet de mesures exceptionnelles, trop disciplinés et trop intelligents pour se faire les instruments de menées coupables [contre l'Etat qui les fait vivre! Autour de la ville, les populations les plus paisibles, des agriculteurs qui tirent du sol le plus fertile d'inépuisables richesses !

Et c'est pour ces populations que M. Sénéquier sollicite une mesure exceptionnelle de surveillance et de police!

La loi de 1855 n'a fourni qu'un argument malheureux à la thèse que soutient la brochure !

Quand il s'agit de l'intérêt de l'Etat, nous ne pouvons, nous, placés bien loin des hautes régions du Pouvoir, que hasarder des conjectures basées sur la connaissance des actes législatifs ou politiques que nous avons vu s'accomplir. Nous nous disons : l'intérêt de la chose publique était compris par le premier Consul; et, ce n'est pas sans raison qu'il a marqué sur la carte de France, Toulon comme chef-lieu de préfecture maritime, en même temps que

Draguignan, comme chef-lieu de préfecture civile. Toulon était alors comme aujourd'hui une ville beaucoup plus importante, beaucoup plus peuplée que Draguignan. Ce n'est pas sans raison qu'il a fait de même dans tous les autres départements dont la situation est analogue à celle du Var. Tous les gouvernements ont respecté l'œuvre du fondateur. Quelques changements de préfecture ont été opérés. On n'a pas songé à prendre une mesure semblable pour les départements qui possèdent des chefs-lieux d'arrondissements maritimes.

Voilà des faits accomplis qui peuvent guider nos conjectures et rassurer les habitants de l'arrondissement de Draguignan. En vain M. Sénéquier cherche-t-il à en détruire la portée en prouvant que les attributions des autorités civile, maritime et militaire sont définies par la loi, que les conflits sont indépendants de la résidence des fonctionnaires, que des questions de préséance, de rivalité ne peuvent s'élever entre de hauts dignitaires et s'évanouissent devant les devoirs à remplir ! Je ne sais si M. Sénéquier pose bien la question et la résout d'une manière pratique.

Je sais que l'élément maritime et militaire absorbe tout à Toulon, que la première autorité du dépar-

tement, celle qui, pour nos populations, représente
le souverain, serait en quelque sorte perdue au
milieu de cette ville essentiellement militaire. Je
reconnais volontiers, que dans un moment de trou-
ble et de danger, le citoyen comme le fonctionnaire
oublient toute rivalité d'influence et de pouvoir;
mais dans les temps ordinaires, on a vu bien souvent
ces rivalités produire des tiraillements qui ne lais-
sent pas de contrarier l'intérêt général et le pouvoir
central.

Il importe, dites-vous, qu'un grand port militaire,
tel que Toulon, soit au milieu d'une grande cité, il
faut un grand marché à un grand consommateur tel
que la marine ! Il faut donc développer la prospérité
de Toulon en y plaçant la préfecture ! De bonne foi,
est-ce que la préfecture civile ajoutera quelque
chose à la prospérité de Toulon ? Est-ce que Toulon
n'a pas marché à grands pas, malgré l'absence de la
préfecture ? Est-ce que la marine gagnera quelque
chose à ce que vous demandez ? La préfecture don-
nera-t-elle à ce grand consommateur un marché
mieux fourni ? En vérité, cet argument me paraît
vide de sens.

L'intérêt de l'Etat, ajoute M. Sénéquier, exige que
la préfecture civile soit dans une place forte. Il se

livre à des considérations de stratégie militaire où
nous le suivrons difficilement. Il veut démontrer
que les places fortes doivent être de grandes villes,
sauf, en cas de siége (réserve naïve) à faire sortir les
bouches inutiles. Nous ne disons pas qu'une grande
ville ne puisse être fortifiée, mais il nous semble bien
étrange (sauf notre respect pour les théories militaires de M. Sénéquier), qu'il soit nécessaire qu'une
place forte soit une grande ville afin que, dans le cas
d'invasion, on puisse jeter sur les derrières de l'ennemi une armée sortie de son enceinte. Est-ce
qu'il ne suffirait pas que la ville forte contint
un peu plus de soldats et beaucoup moins de
bourgeois, de ceux que la brochure appelle des bouches inutiles?

D'ailleurs, si les principes exigent que Toulon,
ville forte, soit aussi une grande ville, nous répétons
qu'il n'est pas nécessaire de lui donner le chef-lieu
pour arriver à ce résultat. Toulon a fait depuis
longtemps son avènement au rang des grandes villes
de France.

La préfecture serait, ajoute l'écrivain, plus en
sûreté dans une place forte. Est-ce bien exact? Est-ce
d'ailleurs une raison pour placer la préfecture à
Toulon? La guerre, les insurrections sont, grâces à

Dieu, des évènements exceptionnels qui ne doivent pas servir de base aux décisions du gouvernement, en matière d'organisation intérieure. Du reste, si nous jetons un regard en arrière, l'histoire confirme peu l'argument de l'écrivain toulonnais. En 1793, Toulon avait dans ses murs l'administration départementale. Nous étions en guerre avec L'Angleterre. Toulon et la préfecture tombent au pouvoir des Anglais. En 1852, l'insurrection éclate dans le Var. Les insurgés marchent sur la préfecture pour s'en emparer. Le préfet est défendu par quelques compagnies de soldats. Mais il se voit entouré dans son hôtel par tous les bons citoyens. L'émeute n'ose pas approcher de Draguignan. Lorsque le nouveau préfet, M. Pastoureau, arriva avec le bataillon du 50e de ligne, les insurgés déconcertés par l'attitude de Draguignan, étaient déjà à Aups où les troupes envoyées contre eux les atteignirent. Et tandis que Draguignan, ville ouverte et sans forces, se conduisait ainsi, on a vu à deux pas de Toulon, ville forte mais fermée, se commettre les assassinats de Cuers !

Si l'ennemi osait envahir notre sol, il marcherait droit sur Toulon ; si une guerre maritime éclatait, Toulon serait exposé aux attaques, et alors que deviendrait l'administration du département ? Que deviendraient nos archives ? nos affaires ?

Concluons donc que l'intérêt de l'Etat n'exige, à aucun point de vue, le transfert de la préfecture à Toulon; que tout indique au contraire qu'une raison politique reconnue depuis le premier Consul, fondateur de l'ordre de choses actuel, jusqu'à nos jours, commande la fixation du siége de la préfecture à Draguignan, plutôt que dans le port militaire de Toulon. Terminons par un fait qui nous en convaincra : Saintes, ville située au centre du département de la Charente-Inférieure, fut désignée, en l'an VIII, comme chef-lieu de ce département. Plus tard, le gouvernement crut devoir transporter le chef-lieu dans une autre ville. Rochefort, port militaire comme Toulon, est une grande ville, au centre du département. Eh bien ! le chef-lieu fut placé, non à Rochefort, mais à la Rochelle qui est au nord du département, et dont la population et l'importance sont de beaucoup inférieures à celles de Rochefort.

L'intérêt du département commande-t-il la mesure dont nous nous occupons !

Une réflexion se présente spontanément dès qu'on pose cette question :

Pendant soixante ans, les votes du département l'ont résolue.

Ils l'ont résolue l'an dernier, en 1860, après la distraction de l'arrondissement de Grasse.

Les mandataires du département se sont prononcés dix fois peut-être depuis soixante années.

Ils connaissaient donc bien peu les intérêts de leurs mandants, ou s'ils les connaissaient, il les ont trahis !

L'intérêt du département ! mais on a beau agiter par de secrètes menées les cantons de Brignoles, exciter de petites passions qui se dissipent dès le premier appel fait au bon sens et à la froide réflexion, l'intérêt du département est évidemment que la préfecture ne soit pas à Toulon.

Ecoutons l'organe de Toulon ! Je suis une grande ville de 100,000 âmes ; je jouis d'une étonnante prospérité, il faut que cette prospérité se développe toujours davantage ; j'ai d'immenses travaux à exécuter, un budget plus fort que celui du département entier ; je paye autant d'impôts que les deux arrondissements de Brignoles et de Draguignan réunis ; je suis place forte, port militaire, grande ville. Eh bien ! pour marcher à la réalisation de mon avenir sans limites, il faut que je sois aidé par la présence de la préfecture civile. Il faut, qu'avec la préfecture, arrivent l'évêché, la Cour d'assises, toutes les administrations, tous les fonctionnaires ; en un mot, que le gouvernement soit chez moi !

Que nos concitoyens se représentent par la pensée les vœux de la brochure réalisés ! Au fond du département, à son extrémité la plus reculée, dans les murs d'une place forte, au sein d'une ville de 100,000 âmes, réside l'autorité préfectorale.

Nous sommes tous habitués à nous rendre de tous les points du département dans une petite ville où le préfet est accessible, où il n'est pas absorbé par ces innombrables solliciteurs, ces visiteurs incommodes qui l'assiégeront ailleurs ; nos maires, nos juges de paix, obligés si souvent de venir auprès du premier fonctionnaire du département, le font sans trop de frais ni de dérangement.

En sera-t-il de même à Toulon ? Quelle que soit sa bonne volonté, le préfet ne verra-t-il pas une grande partie de son temps absorbée par des soins qui, à Draguignan, ne l'atteignent pas ou ne l'obligent qu'à un travail de correspondance et de cabinet ?

Le rédacteur de la brochure ne devrait-il pas

comprendre ce que son zèle exagéré pour Toulon l'empêche de reconnaître, c'est-à-dire, que la préfecture n'est pas faite pour une ville, mais pour le département; que Toulon a une existence à part; qu'elle appartient, comme on l'a dit fort justement, plutôt à la France qu'au département, que Toulon est une place forte, un arsenal, un des boulevards de la France, que dans ses murs on doit s'occuper beaucoup plus de marine militaire, d'armements, d'expéditions, que de l'administration civile d'un département! — « En saine politique, disait M. le comte Muraire, premier président de la Cour de cassation, dans un mémoire cité dans la brochure, « en saine politique, une ville toute militaire ne « doit pas être une ville administrative. »

Ecoutons Roger-Ducos, dans son rapport de l'an v: — « Ce n'est pas dans le tumulte, la splendeur « ou la bruyante fréquentation des cités que les « premières autorités constituées trouvent le calme « et le recueillement si nécessaires aux grandes « fonctions qu'elles ont à remplir. Heureux les dé- « partements dont les autorités constituées sont si « favorablement placées qu'elles ne voient autour « d'elles que leurs devoirs, durant le court inter- « valle que la voix du peuple les appelle à régir ses

« plus grands intérêts ! Plus heureux les adminis-
« trés de retrouver véritablement leurs administra-
« teurs et leurs juges, et surtout l'*accès et l'expédi-*
« *tion* dont le retard peut coûter si cher au mal-
« heureux et à l'indigent ! »

Tout cela est certainement encore vrai !

Faites arriver à Toulon les habitans des cantons
de Draguignan et de la plupart des cantons de Brignoles ! la distance est énorme. Les frais de séjour
à Toulon ne peuvent être comparés à ceux du séjour
à Draguignan. Beaucoup de maires de nos campagnes, qui trouvent déjà assez lourde la charge qui
leur est imposée, la regarderont comme très aggra-
vée par l'obligation de se rendre plusieurs fois dans
l'année, à leurs frais, vers les confins du département, en le traversant dans tous les sens, et cela,
malgré la perspective des plaisirs et des distractions
que l'auteur de la brochure promet aux jurés et
aux fonctionnaires qui se rendront à Toulon.

Les rares Toulonnais qui ont à voir personnelle-
ment le préfet, auront deux heures à passer en chemin de fer pour se rendre auprès de lui à Draguignan. Venus le matin, ils rentreront le soir dans
leurs foyers. L'habitant d'une des localités répan-
dues sur les trois quarts de la superficie du dépar-

-tement, qui aura à voir le préfet à Toulon, devra
-faire d'abord une route assez longue pour rejoindre
-la voie ferrée, puis, rendu à Toulon, il aura des
difficultés pour trouver, aborder, entretenir le haut
fonctionnaire qui sera chargé de l'administration
du département, qui sera préfet civil, préfet de police, sénateur peut-être; il lui faudra séjourner plusieurs jours. Ce que nous disons à propos du préfet,
s'applique aussi aux relations avec les autres fonctionnaires, chefs d'administration, placés dans une
sphère plus élevée.

Que gagneront à ce changement nos populations!
Nous avons 60 communes dans l'arrondissement de
Draguignan; ajoutez-y environ 40 communes de
l'arrondissement de Brignoles plus rapprochées de
nous que de Toulon. Les maires sont appelés souvent auprès du préfet. Voilà cent fonctionnaires dont
les fonctions sont gratuites, dont la fortune est modeste et auxquels vous imposez une lourde charge
pour rapprocher la préfecture de la commune de
Toulon.

Notre département est essentiellement agricole,
et c'est pourquoi il est et demeurera toujours un des
plus riches et un des plus beaux, un de ceux qui
méritent le plus la sollicitude d'un Pouvoir éclairé.

Nous gardons un souvenir impérissable de notre dernier administrateur, M. Mercier-Lacombe, qui avait si bien compris et favorisé l'élément auquel nous devons notre prospérité. Le devoir du gouvernement est de propager, parmi les populations agricoles, les institutions utiles, de répandre parmi elles les découvertes de la science, de faire une utile application des richesses que le sol fournit, de créer des voies de communications rurales, de distribuer utilement ses eaux, d'encourager ces rudes travailleurs de la terre, de les relever à leurs propres yeux par des institutions qui les honorent, telles que celles des primes à la vieillesse, etc.

N'est-il pas vrai que, pour remplir cette tâche, le préfet sera bien mieux placé dans l'intérieur du département ?

Vous demandez que la préfecture soit placée chez vous parce que vos affaires sont nombreuses et importantes, votre population considérable? Vous soutenez que l'on administre mieux de près? Laissez-la donc près des populations qui composent la grande majorité du département. Vos affaires, tout importantes qu'elles sont, le sont moins que celles de tout le reste du département.

M. Sénéquier insiste et nous dit : toutes les bran-

ches de l'administration ont plus à faire chez nous
que dans le département tout entier. Toulon paye
tant de millions en contributions indirectes, douanes,
contributions directes, etc. Il faut donc que tous
les chefs d'administration viennent résider à Toulon !

Tous les chiffres de M. Sénéquier ne prouvent
qu'une chose incontestée et nécessaire. Toulon est
une grande ville, il y a beaucoup de consomma-
teurs, on y paye beaucoup d'impôts directs et in-
directs. M. Sénéquier aurait pu se dispenser de
faire des recherches (qui ont dû lui être si pénibles)
dans les registres de toutes les administrations !

Mais ce qu'il n'a pas démontré, c'est que la conséquence forcée dérivant de ce fait, soit la résidence des chefs d'administration à Toulon. Qu'il nous
dise quelle affaire a été en souffrance parce qu'ils
ont résidé à Draguignan et non à Toulon !

Chacun sait que toutes les affaires administratives
se traitent par écrit. Les rapports transmis par la
voie hiérarchique préparent l'instruction de toute
affaire importante et le dossier arrive complet entre
les mains de l'autorité qui doit statuer, sans que
nul entretien, nulle conférence aient été nécessaires.

D'ailleurs les chefs de la direction des contributions indirectes, dont les recettes sont si fortes à
Toulon (grâces, en grande partie, à la population
flottante), le payeur, le receveur général sont à
Toulon. On n'a pas songé (remarquons-le en passant), qu'il fût nécessaire pour cela d'y placer le
siége de la préfecture ; et depuis que cet état de
choses existe, on n'a signalé aucun inconvénient
qui soit résulté du séjour de ces fonctionnaires à
Toulon tandis que le préfet séjournait à Draguignan.

Nous parlions tantôt des populations agricoles.
Nul n'ignore leur tendance à émigrer dans les grandes villes où elles vont chercher des salaires, en
apparence plus élevés, et ces distractions ou ces
plaisirs dont parle l'écrivain toulonnais. Nous n'hé-
sitons pas à penser que c'est là un mouvement fatal
qu'il est sage d'arrêter, autant que possible. L'agriculture produit, l'industrie des grandes villes ma-
nipule et consomme ce que lui fournit l'agriculture.
Dépeuplez les champs, vous aurez plus de consom-
mateurs que de producteurs.

Dans le Var, transférer la préfecture à Toulon,
c'est y favoriser, de la manière la plus large, un
phénomène social auquel déjà nous avons dû tant
de malheurs ! Toulon, chef-lieu du Var, attire à lui

toutes les forces vitales du département, il en devient le centre administratif, politique, judiciaire. Aujourd'hui, l'habitant de nos campagnes ne voit Toulon que dans le lointain. Que ses affaires ou ses rapports avec l'administration l'y attirent souvent, il aura l'occasion et la tentation de s'y fixer. Draguignan est trop modeste pour déterminer l'immigration, sa population est elle-même en bonne partie agricole, et pourtant la ville est dans d'assez bonnes conditions pour que l'autorité y ait son prestige et que le souverain y soit dignement représenté.

Toulon ne veut pas seulement attirer à lui toutes les autorités civiles, religieuses, administratives, militaires, judiciaires, il veut encore être le centre du commerce du Var. Que le droit de tonnage soit aboli, que l'isthme de Suez soit percé, et Toulon aura un port de commerce aussi important que son port militaire ! Il sera le port d'approvisionnement de tout le Var. Qui sait si Marseille ne sera pas gravement compromise ! Mais l'auteur arrive à sa conclusion chérie ! Pour que tout cela se développe, il nous faut la préfecture ! elle doit être fixée au lieu où de pareilles merveilles peuvent se réaliser.

Toulon port de commerce ! port d'approvision-

nement du Var ! étrange erreur, qui a dû surpren-
dre les commerçants de Toulon ! Si M. Sénéquier
avait pris la peine de se renseigner auprès d'eux,
tous lui auraient dit que le commerce de Toulon est
purement local, que les agriculteurs et les indus-
triels du Var approvisionnent Toulon, mais que
Toulon ne leur fournit rien.

Revenons à la réalité ! Laissons M. Sénéquier à
ses rêves, si excusables puisqu'il les fait pour son
pays, et voyons quel est l'intérêt du département
au point de vue commercial !

Le port d'approvisionnement de tout le Var, soit
pour les objets de luxe, soit pour ceux d'alimentation,
est Marseille ! Ce qui nous importe c'est de com-
muniquer avec Marseille le plus facilement possible.

La voie ferrée de Toulon à Nice satisfait-elle à ce
besoin ? non. Il faut une voie plus directe vers ce
grand centre commercial de la Provence. Il faut
une ligne ferrée qui traverse le département et nous
relie à Marseille par Saint-Maximin et Brignoles. Ce
besoin est tellement évident que des hommes, intelligents des vrais intérêts de leur pays, ont pris
l'initiative et se sont réunis pour étudier et solliciter
l'exécution de ce projet.

Le chemin de fer de Toulon à Nice sera plutôt

une route stratégique qu'une artère commerciale.
Toulon n'ayant aucun commerce ne peut être qu'un
lieu de transit. Son commerce sera toujours annulé par celui de son opulente voisine. Le commerce et les canons ne vivent guères côte à côte.
A Marseille on sera toujours négociant, à Toulon
toujours militaire !

Placer la préfecture à Toulon c'est préparer des
obstacles à la réalisation de ce que nous venons
d'exposer. Car Toulon aura intérêt à empêcher tout
ce qui pourra diminuer l'importance de la voie
ferrée qui la traverse, et qu'on ne s'y trompe pas !
Il y a un immense intérêt pour l'arrondissement de
Brignoles et pour celui de Draguignan à ce que la
ligne ferrée dont nous venons de parler s'exécute !
Le commerce trouvera une économie considérable
dans les transports. Voyez la distance de Brignoles à
Marseille en passant par Saint-Maximin et Aubagne,
et comparez-la à la distance de Brignoles à Marseille
en passant par Toulon ! La même voie ferrée nous
portera nos lettres et nos dépêches plus rapidement !
Croit-on que Toulon ne fera pas tous ses efforts
pour empêcher de pareils résultats, qui annuleraient
les bénéfices qu'il espère recueillir de cette voie

ferrée qui suit le littoral et semble n'avoir été faite
que pour lui !

Le transfert de la préfecture, si contraire à l'intérêt général du département, serait encore la cause
d'un surcroît de dépenses accidentelles et permanentes : accidentelles, par la nécessité de créer ou
d'acheter tous les édifices nécessaires à l'administration départementale : hôtel de préfecture, palais
de justice, etc.; permanentes, par l'augmentation
de traitement qu'il faudrait accorder aux employés
départementaux obligés de résider à Toulon. Depuis
soixante ans que le chef-lieu est à Draguignan,
le réseau des voies de communication intérieures
a dû converger vers cette ville. Tout cela serait à
refaire. Il faudrait remanier le département pour le
mettre en rapport plus direct avec son nouveau
chef-lieu ! Nouvelles dépenses chaque année renais-
santes ! Ce n'est pas sans frais considérables que
l'on détruit un état de choses remontant à plus d'un
demi-siècle.

Nous allions oublier la cour d'assises !

Et cependant, aucuns disent que la possession de
cette haute juridiction criminelle, qui suit d'ordinaire
le chef-lieu, nous vaut nos plus éloquents et plus
insistants adversaires ! Sans eux on parlerait peu de

la question de la préfecture à Toulon ! La masse de la population préfère, dit-on, voir arriver dans sa rade un vaisseau de ligne qui vient y verser les trésors économisés pendant un long voyage, plutôt qu'une préfecture civile avec laquelle elle est sans rapports.

Est-il vrai que le transfert de la Cour d'assises à Toulon épargnerait des frais à l'Etat?

M. Sénéquier pose en fait que Toulon donne à la Cour d'assises une moyenne de 38 à 40 affaires par an et Draguignan de 15 à 16.

Admettons ce chiffre. Que coûtent ces affaires ? Il résulte d'un calcul que nous avons puisé dans le relevé exact des frais de toutes les affaires jugées en 1860, que les affaires de Draguignan ont coûté, en moyenne, 34 fr. et celles de Toulon, 185 fr.

40 affaires à 185 fr. chacune, donnent en totalité le chiffre de........................ 7200 fr.

16 affaires à 34 fr............... 544

Supposez que la Cour d'assises eût siégé à Toulon; les 40 affaires de Toulon à 34 fr. chacune, auraient coûté 1360

Et les 16 de Draguignan........... 2960

Diminution sur le chiffre des frais des affaires de

Toulon........................ 5840

    Augmentation sur le chiffre des frais
des affaires de Draguignan......... 2416

    Excédant des frais en résultant..... 3424

Et nous faisons large part à l'auteur de la proposition que nous combattons. Car, pendant l'année 1860 où nous avons pris notre calcul, un fait exceptionnel s'est vérifié. Dans la session du 1er trimestre, l'arrondissement de Draguignan n'a donné aucune affaire.

Nous n'avons pas voulu pousser nos recherches plus loin.

Nous admettons donc une différence de 3400 fr. occasionnée par le siége de la Cour d'assises à Draguignan.

Il y a encore une notable économie pour l'Etat à maintenir l'ordre de choses actuel et je le prouve :

Si l'on transfère la Cour d'assises à Toulon, le nombre des juges du tribunal qui est de 5, doit être porté à 7, comme il l'est aujourd'hui à Draguignan ; car il aura à fournir deux assesseurs à la Cour d'assises ; le tribunal étant composé de sept juges, forme deux chambres ; il doit avoir un vice-président; il faudra aussi adjoindre un second substitut, et augmenter de 400 fr. le traitement du greffier.

En un mot, le tribunal de Toulon nécessitera le même personnel que celui de Draguignan. Or le tribunal de Toulon étant de 3e classe tandis que celui de Draguignan est de 5e classe, les magistrats de Toulon jouissent d'un traitement supérieur à celui des magistrats de Draguignan, de 700 fr., pour les juges et substituts, et de 1000 fr. au moins, pour le vice-président.

Maintenant posons les chiffres.

Les deux juges à Toulon coûteront un excédant de............................... 1400 fr.

Le substitut..................... 700

Le vice-président............... 1000

Le greffier.... 400

Total..... 3500 fr.

Voilà déjà compensé l'excédant de frais ci-dessus indiqué et qui n'est que de 3400 fr.; il faut ajouter que les frais de justice criminelle sont payés par les accusés condamnés. Supposez que les deux tiers soient insolvables, il faudrait toujours réduire à 2400 fr. cet excédant de frais perdus pour l'Etat et qui se trouve amplement compensé par l'excédant de frais qu'occasionnerait le traitement des magistrats.

Nous ajouterons que pour MM. les jurés les frais de voyage, ceux de séjour surtout dans la ville de

Toulon, rendraient plus lourde et plus onéreuse la charge qui leur est imposée, la Cour d'assises siégeant à Draguignan, les jurés de Toulon seraient à deux pas de leur domicile, grâce au chemin de fer. Mais les jurés de l'arrondissement de Draguignan et de Brignoles ne pourraient pas chaque soir retourner chez eux; ceux des cantons de Fayence, de Comps, d'Aups, de Tavernes, se trouveraient quelquefois à 80 ou 100 kilomètres de leurs communes.

Maintenant calculons ce que coûtera la construction d'un palais de justice ! il est impossible, on ne le nie pas, de tenir les audiences de la Cour d'assises dans le palais de justice actuel, puisqu'il suffit à peine en ce moment. Il y a à Draguignan un vaste palais de justice, avec une salle digne de la solennité des débats qui s'y agitent, le département l'a payé, il payera encore 3 ou 400,000 fr. pour un second palais, voilà les économies que l'Etat et le département trouveraient à réaliser dans le transfert de la Cour d'assises à Toulon.

Nous croyons avoir répondu aux principales considérations sur lesquelles s'appuie le mémoire de M. Sénéquier.

Le choix de Draguignan comme chef-lieu a été dicté par des raisons de haute administration qu'il est impossible de ne pas reconnaître en consultant les documents législatifs. Si Draguignan cessait d'être chef-lieu, Toulon ne devrait pas lui succéder !

Mais pour que l'état de choses existant depuis soixante ans soit modifié, il faut évidemment que des faits graves se soient accomplis. Or, la séparation de l'arrondissement de Grasse n'a pas déplacé la centralité de Draguignan d'une manière assez profonde, et surtout ne l'a pas déplacée au profit de Toulon.

Draguignan reste toujours le centre des intérêts du département. Les trois quarts des communes sont plus rapprochées de cette ville qu'elles ne le sont de Toulon. Les communications, les rapports des habitants sont toujours les mêmes.

L'intérêt de l'Etat, dont on croit se faire l'interprète, nous paraît loin de pouvoir être entendu dans le sens de la thèse que l'on soutient.

L'intérêt du département serait gravement lésé par le transfert à Toulon. Ses intérêts matériels, ses intérêts moraux en souffriraient.

Toulon qui est le plus beau fleuron du département, qui a sa vie propre, et dont la prospérité tient à d'autres causes qu'à l'action de l'administration civile, Toulon absorberait toute cette action à son profit et réduirait le reste du département à la langueur et à l'isolement. On n'est que trop habitué en France à recevoir toute impulsion du Pouvoir et à attendre son initiative. Cela est plus vrai encore dans les populations peu importantes que dans les grandes villes, éloignez le Pouvoir de ces populations, elles s'enfonceront toujours davantage dans l'engourdissement.

Quelques inconvénients secondaires signalés par l'auteur de la brochure ne peuvent pas entrer en parallèle avec tous les maux que produirait le changement qu'il invoque.

Il ne faut pas, sans doute, réduire la question à une rivalité de clochers! mais il est permis, quand on a réfuté les considérations d'intérêt général, de faire un appel à ces sentiments de justice que les gouvernements respectent mieux encore que les individus.

Si Toulon a grandi en richesse et en prospérité, Draguignan qu'on voudrait dépouiller a, dans une sphère bien plus modeste, fait des progrès dont il est juste de tenir compte.

Depuis vingt ans à peine, son industrie a doublé, la ville s'est agrandie dans une mesure remarquable.

De 1840 à 1861, on a bâti à Draguignan 676 maisons, dont 404 dans la ville et 272 dans la banlieue. Des quartiers dignes d'un chef-lieu se sont élevés autour de la préfecture.

Les patentes, qui étaient au nombre de 445 en 1840, sont arrivées à celui de 736 et le produit de cet impôt qui était de 12,871 fr., s'élève aujourd'hui à 23,621 fr.

Il est intéressant de savoir avec quels capitaux ont été édifiées la plupart des habitations qui forment une seconde ville à côté de l'ancienne. Ce sont des ouvriers, chefs d'industrie ou d'ateliers, qui les ont créées au moyen d'une espèce d'association de leur travail et de leurs capitaux. Un maître serrurier, par exemple, a réalisé quelques économies. Il achète un terrain à bâtir pour y construire une maison. Il traite avec d'autres chefs de diverses industries attachées au bâtiment, tels que maçon, menuisier, etc. Ceux-ci lui fournissent des matériaux et la main-d'œuvre qui doivent entrer dans la construction. Il les paie en fournissant à son tour pour une maison qu'ils construisent eux-mêmes, la main-d'œuvre et les matériaux relatifs à son industrie. Quoi de plus sacré que de pareilles fortunes, quelque petites qu'elles soient !

Eh bien! dépouiller Draguignan de la préfecture,

c'est diminuer au moins de moitié la valeur de tous ces immeubles; c'est ruiner ces honnêtes gens !

Combien d'industries, de commerces qui se sont établis à Draguignan et aux environs, seraient détruits par cette désastreuse mesure ! La diminution subite de la fortune publique amène forcément l'émigration d'une partie de la population vers un autre centre plus favorisé. Toutes les industries et tous les commerces sont par là même, anéantis ou réduits de moitié.

Et l'on ose solliciter du gouvernement une pareille mesure sans que l'intérêt général la réclame impérieusement ! On demande la ruine de Draguignan et de son arrondissement au nom de *l'étonnante prospérité* de Toulon. On dit : nous sommes trop riches, trop puissants, pour qu'il existe dans le département un seul avantage que nous ne possédions pas ! Quel gouvernement accueillerait de pareilles sollicitations !

Toulon va sortir de son enceinte trop étroite. Il va se développer sur ces terrains domaniaux que la libéralité du souverain lui a octroyés à des conditions si avantageuses à la ville. Nous y applaudissons de grand cœur. Mais, qu'on ne s'en fasse pas

4

un titre pour essayer de rendre sans valeur les
édifices que nous avons construits sur des terrains
payés avec le fruit de notre travail et de nos
sueurs! Que l'on cesse surtout de remettre périodi-
quement en question ce qui a été jugé si souvent!
Il n'y a ni justice, ni convenance à troubler des
populations qui s'alarment d'autant plus facilement,
que les intérêts débattus sont plus considérables.
Notre arrondissement laborieux se développe par
les seules forces que lui fournissent son sol et son
industrie ; l'arrêter de temps à autre par une agitation inutile, c'est faire une chose contraire aux
sentiments qui devraient animer les citoyens d'un
même département les uns à l'égard des autres.

Nous appelons l'attention de l'autorité supérieure
sur une pareille situation. Nous sommes persua-
dés qu'elle jugera convenable d'y mettre un
terme.

Draguignan, 26 août 1861.

APPENDICE.

ADHÉSIONS

DES CONSEILS MUNICIPAUX.

———

Nous regrettons que les limites de cet écrit
ne nous permettent pas d'enregistrer ici tous
les témoignages de sympathique et chaleu-
reuse adhésion que la nouvelle attaque de
nos adversaires nous a valus de la part des
communes de l'arrondissement. Ces témoignages émanés des représentants naturels
d'une population de 87,000 âmes forment
une manifestation publique aussi honorable
pour nous que significative. Partout l'on a

compris que la cause de l'arrondissement ne
pouvait être séparée de celle du chef-lieu, à
la prospérité duquel celle de toutes les communes environnantes, dans un rayon très
étendu, est si intimement liée. Aussi, du sein
des Conseils municipaux, ne s'est-il élevé
qu'une voix pour demander le maintien d'un
ordre de choses sur lequel repose en partie
la fortune publique de l'arrondissement.
La plupart des Conseils municipaux même,
n'ont pas cru devoir dissimuler les sentiments que leur inspiraient ces tentatives
incessamment renouvelées, au nom de con-
voitises qu'ils n'ont pas hésité à qualifier dans
le langage le plus énergique. Ces honorables
corps ont protesté formellement contre ces
excitations périodiques qui jettent au milieu
d'intérêts respectables l'inquiétude la plus
funeste, et se sont, par là même, associés
spontanément au vœu par lequel nous avons
terminé cet écrit.

Nous nous bornons à transcrire ici les votes
de quelques chefs-lieux de canton et des com-

munes situées à l'extrémité Nord du département. Les raisons sur lesquelles ces dernières ont motivé leur délibération sont, à notre avis, des plus graves et méritent la plus sérieuse attention.

LORGUES.

Séance du 11 août 1861.

« M. le Maire expose au Conseil, qu'il vient de paraître à Toulon une brochure intitulée : *Toulon chef-lieu du Var*, dont les conclusions tendent à faire enlever à Draguignan, pour les transporter à Toulon, non seulement la préfecture, mais encore toutes les administrations supérieures qui y sont actuellement réunies. Il propose au conseil d'émettre un vœu pour que Draguignan n'en soit point dépossédé.

L'auteur fait figurer parmi ses principaux arguments l'adhésion donnée à l'époque de la création des préfectures, par plusieurs communes, notamment celle de Lorgues à l'établissement du chef-lieu à Toulon. Outre qu'il s'agissait alors de créer un chef-lieu et nullement de déplacer des intérêts nombreux, on a lieu de croire que ce vote fut inspiré bien moins par l'intérêt de Lorgues et du département, que par un sentiment de sympathie pour la commune de Toulon, avec laquelle, à l'occasion de la peste de 1720, la commune de Lorgues s'était liée d'une amitié toute particulière. Sans vouloir rompre ces bons rapports, le conseil municipal de Lorgues doit aujourd'hui s'inspirer davantage des intérêts de sa commune, du département et de la ville de Draguignan, sa voisine, à qui l'unissent des relations tous les jours plus importantes d'affaires et d'affection.

Cette question se présente aujourd'hui sous des rapports complètement différents. La préfecture est établie depuis soixante ans à Draguignan, des travaux considérables ont été faits aux frais du département, des intérêts très nombreux se sont basés sur cet établissement; il faut renoncer à retirer les fruits des dépenses faites, il faut déplacer violemment des intérêts qui avaient leur raison d'être dans le maintien de la préfecture à Draguignan et ruiner non seulement dans cette commune, mais encore dans nombre de communes voisines, ceux qui ont bâti, ou qui ont fondé des établissements commerciaux et cela, sans compensation sous le rapport de l'in-

térêt public! En effet, les dépenses faites à Draguignan sont à recommencer sur une très vaste échelle
à Toulon. Cette ville en s'agrandissant, doit s'em-
bellir de monuments publics, créés sur le plan le
plus grandiose, elle doit se doter d'un vaste réseau de chemins, non seulement pour l'utilité, mais
encor pour le luxe, et qui doit supporter les frais de
toutes ces créations? le département. Les fonds ordinaires ne suffiront pas, il faudra de nouveaux em-
prunts et de nouveaux impôts dans une mesure in-
déterminée. Toulon, en un mot, sera un gouffre
insatiable et deviendra la ruine du département.

C'est surtout d'après cette considération d'intérêt
général que le Maire a l'honneur de proposer au
conseil d'émettre un vote en faveur du maintien de
la préfecture à Draguignan où elle est somptueuse-
ment logée, et où elle n'a pas à craindre un contact
qui amènera inévitablement des conflits avec l'autorité maritime.

Adoptant les considérations présentées par M. le
Maire, un membre du conseil engage vivement ses
collègues à profiter de cette occasion pour protester
contre une centralisation funeste à tous les intérêts
du pays et cet agrandissement indéfini des grandes
villes qui, par leurs dangereux attraits, tendent à

absorber toujours davantage les populations des
campagnes, au grand détriment de la moralité gé-
nérale (les statistiques en font foi) et de l'agriculture,
si souvent et si bien nommée, la *mère nourricière*
des Etats. D'ailleurs, il n'y a pas si longtemps encore,
une majorité imposante, majorité formée surtout
par les intérêts agricoles (les plus importants du département) qu'elle représentait, a repoussé au Conseil général les prétentions de Toulon, et les inten-
tions de décentralisation manifestées dans une ré-
cente circulaire ministérielle ne peuvent qu'aider
tous les esprits sensés à les repousser de nouveau.

Après une discussion animée et féconde en arguments anciens et nouveaux, à l'unanimité, le conseil, tout en se refusant de partager les inquiétudes
réveillées par la brochure toulonnaise, émet le vœu
que le chef-lieu soit maintenu à Draguignan.

LE LUC.

Séance du 12 Août 1861.

1° Etc., etc.

2° Sur ce qu'un membre a dit que, malgré tant
d'échecs subis depuis soixante ans, la ville de Toulon

renouvelle ses prétentions à la possession du chef-
lieu du département du Var ;

Considérant qu'une semblable mesure aurait pour
toutes les communes de l'arrondissement de Draguignan des conséquences désastreuses ;

Qu'en effet, transférer à Toulon le siége du département, c'est ruiner, avec la prospérité de la ville
de Draguignan, toutes les industries qui vivent de
cette même prospérité ; c'est reléguer son arrondissement tout entier loin de l'action bienfaisante de
l'autorité et le frapper d'un isolement fatal ; c'est
amoindrir l'importance de ses intérêts et de ses
besoins de tout l'accroissement qui sera donné à
ceux d'une ville dont l'administration absorbante
primera forcément celle du département tout entier
dans l'ordre des préoccupations des représentants
de l'autorité ; c'est concentrer ceux-ci au milieu
de préoccupations, sous l'empire desquelles ils ne
prêteront plus qu'une oreille distraite aux réclamations qui leur seront adressées au nom d'intérêts plus
modestes, au nom de populations éloignées dont
les besoins leur seront devenus complètement étrangers ; c'est, pour les administrés appelés au chef-
lieu par des affaires civiles ou judiciaires, augmenter, dans une forte proportion, les frais de dé-

placement, non moins à cause de l'éloignement de Toulon qu'à cause des dépenses considérables de leur séjour dans une semblable ville ; c'est, en un mot, subordonner le département à une seule commune et dépouiller sans motif un arrondissement important, pour substituer à un ordre de choses consacré par l'expérience de soixante années, une innovation pleine de dangers et d'inconvénients ;

Par ces motifs,

Emet le vœu que le chef-lieu du département soit maintenu à Draguignan.

SALERNES.

Séance du 4 Août.

M. le Maire dit :

Messieurs,

« Depuis quelques temps une question de la plus haute importance au point de vue de nos intérêts commerciaux et administratifs est agitée par les journaux de la ville de Toulon, qui renouvelle,

malgré ses échecs successifs, sa prétention de pos-
séder le chef-lieu du Var.

Il est de notre devoir et de notre intérêt, Messieurs, de faire entrevoir les conséquences désastreuses que cette mesure entraînerait pour notre
prospérité.

Draguignan, en effet, est le centre de deux arrondissements populeux, qui viennent y deverser tous
leurs produits agricoles et la suppression de la préfecture, en éloignant de cette ville le grand nombre
d'employés qui y ont leur résidence détruirait son
commerce, annulerait son marché et fermerait un
débouché à nos produits.

Vous savez aussi, Messieurs, que la commune
fait depuis longues années des sacrifices immenses
pour le développement de ses voies de communication; qu'elle a payé une somme de 25,000 francs
pour la construction de la ligne de grande communication n° 37; qu'elle contribue pour une somme
de 2,200 fr., par an, pour le projet de construction
du chemin d'intérêt commun de Villecroze à Tour-
tour et que, malgré toutes ces dépenses, il reste encore beaucoup à faire eu égard au commerce considérable de Salernes qui prend tous les jours de
l'extension. Que deviendraient alors nos projets de

l'instruction ou de rectification de route, si une pareille mesure recevait son exécution? M. le Préfet
pourrait-il au sein d'une ville populeuse et au milieu de besoins incessants, s'occuper de nos modestes
intérêts ? Evidemment non, Messieurs. Ne ver-
rions-nous pas tous nos projets engloutis dans cette
immense cité qui ne négligerait rien pour tout absorber et pour attirer au milieu d'elle le plus de
monde possible, et ne serions-nous pas obligés de
contribuer avec nos impositions départementales à
l'embellissement et au développement de cette ville
qui aurait dépeuplé nos campagnes, privé l'agriculture des bras qui lui sont si nécessaires et presque
annulé notre commerce? »

Le Conseil municipal,

Oui, l'exposé de M. le Maire ;

Considérant qu'il est de l'intérêt de tout le département que le chef-lieu reste fixé à Draguignan,
attendu que ce serait une ruine complète pour notre
commerce agricole et manufacturier, cette mesure
entraînant avec elle la suppression du marché de
Draguignan où toutes les localités ont l'habitude de
transporter leurs denrées et d'aller faire leurs ap-
provisionnements;

Considérant que Toulon, quoique ayant une population considérable, n'a presque point de commerce et que cette ville se trouve trop éloignée du centre du département pour qu'on puisse y déverser le produit de nos campagnes ;

Considérant enfin, que ce serait une ruine complète et inévitable pour Draguignan où des capitaux immenses ont été employés à la construction d'établissements de tous genres et pour le logement des étrangers, et une perte incalculable pour presque toutes les familles ;

Le Conseil municipal, à l'unanimité des membres présents, émet le vœu que la préfecture reste, comme par le passé, à Draguignan, et prie Monsieur le Préfet, d'avoir la bonté d'appuyer notre vœu auprès du gouvernement.

FAYENCE.

Séance du 4 Août 1861,

Dans le cours de la séance, M. le Maire expose que le vœu du conseil d'arrondissement de Toulon, s'est de nouveau manifesté pour le transfert du chef-lieu du département dans cette ville : n'est-il pas convenable, ajoute-t-il, que le Conseil muni-

cipal exprime le désir du maintien de la préfecture
à Draguignan, à cause des conséquences funestes
qu'un pareil changement engendrerait pour toutes
les communes de l'arrondissement?

Le Conseil à l'unanimité, prend en considération
la proposition de M. le Maire, par les motifs suivants :

En premier lieu, il adhère aux raisons judicieu-
ses, données par le Conseil général dans sa séance
du 30 août 1860.

La distance du canton de Fayence à ce nouveau
chef-lieu de département serait grande ; les dépenses de séjour à Toulon seraient plus fortes que
celles qui ont lieu aujourd'hui à Draguignan. Le
canton aurait à souffrir dans ses affaires les len-
teurs inséparables d'une double hiérarchie.

Toulon est naturellement en état de prospérité
et d'accroissement progressif, sans être chef-lieu
de département : Toulon est, et devient une ville de
plus en plus florissante ; Draguignan tombe dans le
dépérissement et la ruine, si on lui ôte cet élément
de vie, puissant, mais presque exclusif ; depuis
soixante ans, il est en possession de la préfecture ;
pour justifier aujourd'hui la brusque dépossession
de l'autorité, pour laquelle on a élevé un si brillant

hôtel, il faudrait qu'il existât des raisons décisives, sous le rapport des avantages généraux des habitants du Var.

Le Conseil désire que l'arrondissement de Draguignan ne soit pas dépouillé de son ancienne possession de la préfecture.

. En conséquence, à l'unanimité, il émet le vœu de son maintien pur et simple à Draguignan.

SAINT-TROPEZ.

Séance du 11 août 1861.

Le Conseil municipal de la commune de Saint-Tropez, à la majorité de dix contre quatre, émet le vœu que le chef-lieu de préfecture du département du Var soit maintenu à Draguignan.

SEILLANS.

Séance du 11 Août 1861.

M. le Maire prend la parole en ces termes :

Messieurs,

« La question du transfert à Toulon de la préfecture de notre département vient de nouveau d'être mise

en avant, malgré la pensée contraire du gouvernement plusieurs fois manifestée à ce sujet, et
nonobstant l'échec éprouvé par Toulon, l'an passé,
au sein du Conseil général; Toulon ne s'est pas
tenu pour battu; et alors que ce projet paraissait
abandonné, un mémoire répandu partout où l'on a
cru rencontrer quelques sympathies, est venu le
faire surgir encore une fois.

L'auteur du mémoire a appuyé ses idées sur des
appréciations erronées et qui viennent du reste
d'être complétement refutées.

Au moment où la lutte va de nouveau recommencer à la prochaine session du Conseil général
sur cette question capitale pour notre arrondissement, lutte qui ne doit pas être douteuse, nous
en avons l'espoir, il convient cependant, Messieurs,
de faire entendre aussi nos légitimes réclamations.
L'administration supérieure saura les apprécier, les
appuiera, et le gouvernement, nous en avons la
ferme confiance, repoussera une fois de plus des
prétentions qui sacrifieraient un trop grand nombre
d'intérêts.

Je retracerai rapidement, Messieurs, les arguments qui militent le plus en faveur de la cause que

nous soutenons, et d'où dépend l'avenir prospère
de notre arrondissement ou sa décadence.

Le premier magistrat du département en rési-
dant à Toulon serait forcé, malgré son désir de
répartir avec un égale équité, et sur tous les points,
les bienfaits de son administration, serait forcé,
dis-je, d'en accorder la plus large part à la ville
qui veut tout centraliser chez elle.

Les populations nombreuses placées au nord de
Draguignan jusqu'à la limite des autres départements, sont, sous tous les rapports, moins bien
partagées que celle de l'arrondissement de Toulon ;
leur déplacement serait beaucoup plus pénible et
plus dispendieux pour arriver à Toulon, lorsque
des devoirs ou des affaires particulières les y ap-
pelleraient.

La voix des communes situées dans ce même
rayon, arriverait bien affaiblie à Toulon dont les
intérêts passeraient toujours avant ceux du restant
du département; ce serait favoriser, au lieu de
combattre, la primauté de l'industrie sur l'agriculture; ce serait rompre encore davantage l'équilibre
qui doit exister entre ces deux artères de la gran-
deur et de la richesse des nations; ce serait enfin
vouloir un résultat opposé aux actes récents de

l'Empereur qui, comprenant les funestes tendances de l'époque, veut encourager l'agriculture par trop délaissée, et cherche à décentraliser le pouvoir.

Je vous propose en conséquence, Messieurs, de sanctionner les considérations que je viens d'avoir l'honneur d'exposer, et qui paraissent assez puis-santes pour nous donner l'assurance de l'appui de M. le préfet, et en même temps pour nous faire bien augurer de la décision du gouvernement. »

Le Conseil municipal adopte à l'unanimité la motion de M. le Maire, en émettant le vœu du maintien de la préfecture à Draguignan.

LA GARDE-FREINET.

Séance du 4 Août 1861.

Monsieur le Président a exposé qu'en présence des bruits alarmants pour notre arrondissement au sujet du changement du chef-lieu de préfecture dont on demande le transfert à Toulon, il serait urgent que le conseil exprimât son vœu.

Le Conseil municipal, prenant en considération la haute importance de ce changement et combien il serait préjudiciable aux intérêts de cette commune, tant à cause de son éloignement qu'à cause de la difficulté en cas de guerre, d'entrée et de sortie, combien il serait peu juste en outre qu'une seule ville absorbât tout et que le reste du département lui fût sacrifié;

Emet le vœu que la ville de Draguignan demeure le chef-lieu du département.

SAINT-RAPHAEL.

Séance du 5 Août 1861.

La séance ouverte, Monsieur le Maire a déposé sur le bureau un opuscule intitulé *Toulon chef-lieu du département*, dans lequel l'auteur s'efforce de démontrer la nécessité du transfèrement de la préfecture du Var dans cette dernière ville, et a prié le Conseil de délibérer sur cette question.

Le Conseil, considérant que toute localité de minime importance, comme la commune de Saint-Raphaël, suit habituellement le développement des villes qui en sont le plus rapprochées et en partage la prospérité dans une certaine mesure;

Considérant que, étant le point de mer le plus voisin de Draguignan, Saint-Raphaël en est à bon droit considéré comme le port et entretient en effet, avec cette ville, des relations commerciales d'une certaine importance ;

Considérant que le commerce du poisson frais que Saint-Raphaël fait spécialement avec Draguignan perdrait considérablement de son importance si cette ville était dépouillée, non seulement de la préfecture, mais encore de la tenue de la Cour d'assises et des diverses administrations que la brochure réclame pour Toulon ;

Considérant que la ville de Fréjus, distante seulement de trois kilomètres de Saint-Raphaël, devrait aussi, d'après la demande de l'auteur, perdre son évêché, ce qui amoindrirait considérablement cette ville qui a, avec Saint-Raphaël, à chaque heure, pour ainsi dire, des rapports de toute nature;

Considérant que la ville de Toulon, joignant aux embarras de toute grande ville, les embarras que nécessite sa qualité de premier port militaire de France, serait d'un séjour incommode et coûteux aux personnes que leur intérêt appellerait, soit auprès du préfet, soit auprès des diverses administrations ;

Considérant que placer la préfecture dans un milieu où toutes les aspirations, toutes les préoccu-

pations se portent avec raison vers la marine militaire, serait en quelque sorte exposer le premier
administrateur du département et les chefs d'administration groupés auprès de lui, à des négligences
et à des distractions préjudiciables aux intérêts nombreux et variés que présente l'administration d'un
département ;

Considérant que si le transfert à Grasse du directoire primitivement fixé à Toulon n'avait pas été
motivé par des considérations d'un autre ordre que
celles alléguées par l'auteur de la brochure, Toulon
aurait facilement obtenu, au moins sous le gouvernement de la Restauration, l'oubli d'une faute qu'à
cette époque déjà, il avait suffisamment expiée ;

Que dès lors il ne faut voir dans le maintien du
chef-lieu à Draguignan depuis sa fixation, que
l'expression de la volonté gouvernementale de tous
les régimes et plus spécialement du gouvernement
de Napoléon 1er, qui n'eût point manqué de faire le
transfèrement que l'on demande, soit en l'an XI,
soit en 1810, s'il eût trouvé cette mesure avanta-
geuse aux intérêts de l'Etat;

Considérant enfin, qu'à l'Etat seul incombe le soin
d'étudier et décider les graves questions de la na-

ture de celle agitée par l'auteur; que dès lors, la brochure, sans instruire le gouvernement sur la résolution qu'il a à prendre, a pour effet inévitable de jeter l'anxiété dans les esprits, la perturbation dans les affaires, et cela, au grand détriment des intéressés, exprime le vœu que la préfecture soit conservée à Draguignan.

RAMATUELLE.

Séance du 11 Août 1861.

Monsieur le président a fait connaître au Conseil municipal, qu'une question de la plus haute importance pour notre arrondissement vient d'être soulevée par la ville de Toulon, qui renouvelle sa prétention à la possession du chef-lieu du Var, et le prie de vouloir bien délibérer sur cette question.

Transférer à Toulon le siége du département, c'est reléguer nos contrées loin de l'action bienfaisante de l'autorité supérieure dont nous avons tant besoin, c'est nous frapper d'un isolement complet, c'est enfin léser nos intérêts et nos besoins de toute nature.

M. le Maire ajoute que la demande de la ville de Toulon n'est inspirée que par son désir de primer les autres villes du département et d'accroître sa prospérité. Mais si, d'un côté, la mesure demandée ne satisferait que l'amour-propre et l'intérêt d'une cité déjà assez florissante, que l'on considère d'un autre côté quel préjudice elle occasionneroit à tous les administrés obligés de se rendre à Toulon et de séjourner dans une ville où toutes les dépenses sont si élevées.

Le Conseil, après avoir mûrement réfléchi et énuméré toutes les conséquences qui résulteraient d'un pareil changement, au préjudice, non seulement de notre commune, mais encore de toutes nos contrées, vote à l'unanimité que la préfecture soit maintenue à Draguignan.

LE PLAN-DE-LA-TOUR.

Séance du 4 Août 1861.

M. le Président informe le Conseil qu'une brochure, portant le titre de *Toulon chef-lieu du Var*, et ayant pour objet le transfèrement de la préfecture à Toulon, circule depuis quelque temps dans le département, et l'invite à donner son avis sur cette importante question.

Le Conseil considérant, que le transfèrement de la préfecture à Toulon serait pour la commune très désavantageux, vu : 1° la grande distance qui la sépare de cette dernière ville; 2° le manque de voies de communication, et, par conséquent, les moyens de transport très dispendieux ;

Est d'avis, à l'unanimité, que le chef-lieu du département soit maintenu à Draguignan.

BROVÈS.

Séance du 6 Août 1861.

Monsieur le Maire a exposé ce qui suit :

Messieurs,

« Une question de la plus grande importance, qui intéresse non seulement la commune de Brovès, le canton de Comps, la ville chef-lieu de notre département, mais tout l'arrondissement de Draguignan, vient encore d'être soulevée.

La ville de Toulon, malgré les vœux contraires émis déjà plusieurs fois par le Conseil général du Var, a de nouveau la prétention de devenir le chef-lieu du département.

On comprendrait facilement de pareilles prétentions, si le transfert de la Préfecture de Draguignan à Toulon, devait augmenter la prospérité de cette ville ; mais il n'en serait rien pour Toulon , tandis qu'une pareille mesure serait non seulement la ruine de Draguignan , mais encore de toutes les industries qui se trouvent dans les diverses localités de cet arrondissement.

Toulon qui avait déjà tant d'avantages par son arsenal et sa marine, et qui a pris une si grande extension depuis la conquête de l'Afrique , n'a pas eu besoin d'avoir la préfecture dans ses murs pour acquérir une si grande importance.

Maintenant que l'enceinte de cette ville vient d'être agrandie, que la voie ferrée la relie avec Marseille, et que bientôt cette même voie la reliéra avec Nice et l'Italie, sa prospérité deviendra tous les jours plus considérable.

Le télégraphe électrique relie depuis plusieurs années Toulon à Draguignan ; et le chemin de fer qui sera bientôt terminé , réduira considérablement la distance entre ces deux villes ; aussi à l'avenir, la préfecture étant toujours à Draguignan , par la grande facilité des communications qui seront établies, les affaires administratives de l'arrondissement de Toulon seront de suite expédiées.

La ville de Toulon devrait être satisfaite de sa

belle position et de sa prospérité qui va toujours
croissant, et ne devrait pas envier le chef-lieu du
département, surtout, depuis que l'hôtel de la préfecture, auquel l'arrondissement de Toulon a contribué, a été construit à Draguignan.

La ville de Draguignan, bien que l'arrondissement
de Grasse fasse maintenant partie des Alpes-Maritimes, se trouve bien plus au centre du département
que Toulon qui est situé presque à son extrémité;
et, sous ce rapport, il est de l'intérêt de la plus
grande partie des habitants du Var, que le chef-lieu
reste à Draguignan.

Un autre motif très sérieux, doit déterminer le
gouvernement à laisser la préfecture à Draguignan.
Les cinq préfectures maritimes qui existent en
France, sont toutes placées dans des villes très importantes; tandis que les préfectures civiles dans les
mêmes départements, sont toutes établies dans des
villes dont la population est bien inférieure à celles
où se trouvent les préfectures maritimes. Le gouvernement, en prenant une pareille mesure, a voulu
sans doute éviter entre deux autorités placées en
présence, des conflits regrettables, qui ne manque-
raient pas de survenir, si la préfecture du Var était
transférée à Toulon.

Le transfert de la préfecture de Draguignan à Toulon, causerait, Messieurs, un grave préjudice à notre commune et à tout le canton de Comps. En perdant la préfecture, Draguignan serait ruiné, et sa population dans peu de temps diminuerait considérablement ; par suite de cette émigration, les denrées de nos contrées qui trouvent un débouché à Draguignan, perdraient beaucoup de leur valeur.

Ensuite, toutes les fois que des affaires nous appeleraient au chef-lieu du département, nous aurions à parcourir une très grande distance pour arriver à Toulon (environ 120 kilomètres), mais ce qui serait encore bien plus onéreux pour nous, ce seraient les dépenses considérables que nous aurions à supporter pour le séjour dans une ville, où les loyers et tous les objets de consommation, sont à un prix bien plus élevé qu'à Draguignan.

Aussi, Messieurs, demandons au gouvernement de l'Empereur, par l'intermédiaire de Monsieur le préfet, de nous laisser la préfecture à Draguignan ; et soyons assurés, que Sa Majesté l'Empereur, qui veut le bonheur de tous ses sujets, et qui sait que l'arrondissement de Draguignan a déjà beaucoup perdu par la réunion de l'arrondissement de Grasse aux Alpes-Maritimes, ne souffrira pas que cet arrondissement soit complètement ruiné, par le changement du chef-lieu. »

Le Conseil municipal, après avoir entendu les observations de M. le Maire, est unaniment de son avis.

TRIGANCE.

Séance du 11 Août 1861.

M. le Maire a exposé que la ville de Toulon continuait à faire des démarches pour obtenir le transfert dans ses murs du siége de la préfecture du département du Var, actuellement à Draguignan, et a invité le Conseil municipal à donner son avis sur cet objet.

Le Conseil municipal justement ému du préjudice que le transfert du siége de la préfecture du Var à Toulon, s'il avait lieu, causerait, non seulement à la commune de Trigance, mais encore aux deux tiers des communes du département, à cause de la distance qui les sépare de la ville de Toulon, qui est de 115 kilomètres pour Trigance, dans un pays souvent couvert de neige en hiver, et où les chemins sont interceptés, ce qui oblige les voyageurs à faire de longs détours pour trouver des chemins praticables ;

Considérant que la ville de Toulon se trouve à l'une des extrémités du département, tandis que celle de Draguignan se trouve dans une position bien différente et a des droits à conserver le siége de la préfecture, mieux fondés sur l'équité et la justice que ceux que la ville de Toulon peut faire valoir, sans parler des motifs que la commune de Trigance vient d'alléguer, principalement la distance à parcourir ;

Par tous ces motifs, le Conseil municipal de la commune de Trigance s'oppose au transfert du chef-lieu du département du Var, à Toulon ; et prie instamment l'autorité supérieure de vouloir bien faire droit à sa demande.

BAUDUEN.

Séance du 11 Août 1861.

M. le Maire, président, a exposé au Conseil municipal qu'il vient d'être informé que la ville de Toulon a de nouveau renouvelé sa prétention à la possession du chef-lieu de notre département, et il

l'a invité à délibérer contre cette mesure qui, le cas
échéant, serait nuisible aux intérêts de la commune de Bauduen au point de vue des affaires civiles,
administratives et judiciaires.

Le Conseil municipal,

Oui l'exposé de M. le Maire qui précède ;

Considérant que la commune de Bauduen par sa
position géographique a un grand intérêt que le
chef-lieu du département du Var soit maintenu à
Draguignan ;

Considérant que son transfert à Toulon déran-
gerait l'ordre des habitudes établies par l'expérience pour les rapports civils, administratifs et
judiciaires, et qu'une pareille innovation serait
pleine d'inconvénients et de dangers pour les personnes et pour les choses, attendu que Toulon se
trouve à l'extrémité du département ;

Considérant que l'autorité supérieure saura apprécier dans cette circonstance les intérêts généraux
et non les intérêts particuliers et qu'elle maintien-
dra ce que l'expérience prouve avoir été bien cen-
tralement et très équitablement établi ;

Après avoir unanimement délibéré, est d'avis que

les prétentions de la ville de Toulon, ayant le caractère d'un intérêt particulier, soient rejetées, et que le chef-lieu du département du Var soit maintenu à Draguignan et ce sera justice.

COMPS.

Séance du 11 août 1861.

M. le Maire ayant exposé que la ville de Toulon faisait de nouvelles démarches pour obtenir le transfert de la préfecture du Var à Toulon, le Conseil municipal a l'honneur d'exposer à M. le Préfet, ainsi qu'à MM. les Membres du Conseil général, sur le point de s'assembler, les motifs suivants, qui semblent devoir militer en faveur des droits acquis à la ville de Draguignan.

Comps, chef-lieu de canton, composé de dix communes, n'est séparé de Draguignan que par une distance de 32 kilomètres et se trouverait à 112 kilomètres de Toulon, chef-lieu. La superficie du canton est de 30,000 hectares environ et ses principaux produits consistent en céréales, pommes de terre et fruits qui ne trouvent de débouché que sur le marché de Draguignan.

La population de cette ville qui tend à augmenter

éprouverait, en perdant la préfecture, une subite décroissance, ce qui occasionnerait un préjudice irréparable, non seulement à Draguignan et aux cantons environnants, mais surtout au canton de Comps, placé dans une position topographique tout-à-fait exceptionnelle.

Nous avons reçu, depuis notre dernier tirage, un certain nombre de délibérations émanant de Conseils municipaux de l'arrondissement de Brignoles, parmi lesquelles nous croyons devoir publier les suivantes.

COTIGNAC.
Séance du 11 août 1861.

M. le Maire a dit :

« Messieurs,

L'apparition d'une brochure relative au transfèrement de la préfecture à Toulon, vient de soulever une polémique entre les organes du chef-lieu et ceux de la ville qui aspire à le devenir.

Bien que le gouvernement soit seul, juge de cette grave question, on ne saurait être étonné de

voir les deux villes plus particulièrement intéres-
sées, chercher à faire prévaloir, chacune dans son
sens, les raisons qui militent soit en faveur du
statu quo, soit en faveur du transfèrement ré-
clamé.

En présence de cette lutte d'intérêts particuliers,
il appartient, ce me semble, à toutes les communes
du département de faire entendre leur voix ; car,
elles aussi ont des intérêts dont il doit être tenu
compte et de l'exposé desquels il résultera, sans
doute, la preuve que l'intérêt général commande le
maintien du chef-lieu à Draguignan.

Je n'essaierai pas de réfuter la brochure ; mais,
je vous dirai, seulement, que notre commune aurait
à déplorer le changement que son auteur pro-
voque :

Placés à proximité de Draguignan, les habitants
de Cotignac peuvent, aisément, s'y rendre le matin,
obtenir une audience de M. le Préfet et rentrer le
même jour chez eux.

Au contraire, que Toulon devienne le siége de la
préfecture ! trois jours, au moins, seraient nécessaires pour faire le voyage ; encore, faudrait-il
pouvoir être reçu de suite (ce qui ne serait pas toujours possible, à cause des grandes préoccupations

de M. le Préfet et malgré son affab'lité et son bon vouloir).

D'un autre côté, Cotignac a, déjà, contribué pour la construction d'un hôtel de préfecture, relativement superbe. Toulon, privilégié, voudrait nécessairement avoir un hôtel encore plus grandiose et plus beau; après l'hôtel, le palais de la cour d'assises; après ce palais, des casernes, des prisons plus spacieuses, etc... Enfin, on ne saurait le contester: Toulon, ville maritime, absorbe, déjà, des ressources immenses; Toulon, chef-lieu, deviendrait un gouffre où s'engloutiraient tous les revenus du département. »

Par ces motifs:

Le Conseil municipal, considérant que la commune de Cotignac aurait à perdre et rien à gagner au transfèrement de la préfecture à Toulon, émet, à l'unanimité, le vœu que Draguignan reste chef-lieu.

LE VAL.

Séance du 12 août 1861.

Le Conseil municipal, ému des bruits qui circulent relativement au transfert de la préfecture du

Var à Toulon, et usant de la faculté que lui donne
l'article 24 de la loi du 18 juillet 1837, reconnaît, à
l'unanimité, que l'intérêt de la commune du Val est
que le chef-lieu du département du Var soit maintenu à Draguignan, et émet le vœu que ce transfert
ne soit point exécuté.

REGUSSE.

Séance du 12 août 1861.

Attendu que la question du transfèrement de la
préfecture à Toulon est encore mise à l'ordre du
jour ;

Emet, à l'unanimité, le vœu que le chef-lieu du
Var soit maintenu dans la ville de Draguignan.

Entre autres motifs, on émet les suivants :

La ville de Toulon est déjà bien assez riche par
tout ce qu'elle possède, sans qu'il soit nécessaire de
lui accorder un nouvel avantage au détriment de
celle de Draguignan.

Agir ainsi ce serait prendre au pauvre pour donner au riche.

L'arrondissement de Toulon est traversé par de
belles routes et par une voie ferrée qui permet-

tront à ses habitants de venir dans quelques heures
à Draguignan, tandis que les communes comme
celle-ci, qui n'ont ni belles routes ni moyen de
locomotion, seraient obligées de perdre beaucoup
de temps et de faire des frais considérables pour
se rendre à Toulon.

Le département a déjà fait une dépense énorme
pour doter Draguignan d'un hôtel de préfecture et
d'un palais de justice? Faudrait-il que, pour construire les mêmes édifices à Toulon, il se privât des
fonds dont il aurait tant de besoin pour faire des
chemins passant dans les communes rurales, qui en
manquent et dont l'argent a été, dans le passé,
trop souvent employé dans l'intérêt des grandes
villes?

La progression dans laquelle les grands centres
augmentent est véritablement effrayante et finira
par dépeupler les campagnes.

C'est donc un devoir impérieux de ne pas tout
donner aux grandes villes et de penser aux petites
villes, surtout aux communes rurales.

CORRENS.

Séance du 11 août 1861.

M. le Maire invite le conseil à examiner quel est
l'intérêt de la commune dans la question qui s'agite,
du transfèrement de la préfecture à Toulon.

Le conseil, après une discussion approfondie ,
décide, à l'unanimité, qu'il y a lieu d'émettre un vœu
pour le maintien de la préfecture à Draguignan par les
motifs qui suivent : 1° Draguignan est plus central et
plus rapproché de nous ; 2° le Préfet à Draguignan
met plus d'attention et s'occupe davantage des
intérêts de la population agricole du département; il serait absorbé , s'il était à Toulon , par les
questions qui s'y agitent et qui n'intéressent que
cette ville ; 3° le transfèrement de la préfecture et
par suite de la cour d'assises serait la source de
dépenses considérables pour la construction d'une
préfecture, d'un palais de justice, de casernes, etc.
Or, les ressources départementales sont nécessaires
à la construction d'un réseau de routes, dépenses
autrement utiles et obligatoires que celles de la
construction d'une préfecture et d'un palais de justice à Toulon; de telle sorte que, vouloir le transfé-

rement de la préfecture en ce moment, c'est sacrifier le département tout entier à la ville de Toulon.

MOISSAC.

Séance du 13 août 1861.

M. le Maire a dit :

« Messieurs,

Une grande question vient d'être agitée ; tout le monde s'en préoccupe dans le département et une polémique très animée s'est engagée à son sujet entre les journaux de Draguignan et ceux de Toulon. Je veux parler, Messieurs, du transfert de la préfecture à Toulon. Nul doute que cette grave affaire ne soit déjà venue à votre connaissance.

Écartons l'intérêt particulier que les villes de Draguignan et de Toulon pourraient avoir dans ce changement, et examinons, comme représentant les intérêts de la localité, les avantages et les inconvénients qui pourraient résulter pour nous et toutes nos contrées de cette grande mesure.

Nous avons à remarquer en premier lieu que la ville de Draguignan n'a pas perdu sa centralité dans le département au point de vue topographique,

bien que l'arrondissement de Grasse en ait été dis-
trait.

Nous sommes séparés de cette ville par une distance de 26 à 27 kilomètres et nous en aurions,
environ, 65 ou 67 pour nous rendre à Tonlon; la
différence de parcours est donc considérable.

On sait que généralement les affaires administratives se traitent par correspondance, mais il se
présente bien souvent des circonstances où l'on est
dans la nécessité de se rendre au chef-lieu, pour con-
férer soit avec le premier magistrat, soit avec les
chefs de service qui devraient nécessairement suivre
la préfecture.

Ce transfert entraînerait également avec lui la
cour d'assises; il a été dit dans la brochure Sénéquier que MM. les Jurés trouveraient à Toulon des
commodités et des distractions que Draguignan, dans
son exiguité, ne peut leur offrir.

Considérons que la mission des jurés est grave et
sainte et qu'elle ne leur laisse guère le temps de
s'occuper de leurs plaisirs, si l'on a à cœur de la
remplir avec tous les soins et la dignité qu'elle com-
porte.

MM. les Jurés et cette foule de témoins qui sont
appelés souvent dans les affaires criminelles préfè-

reront toujours nécessairement n'avoir à franchir
que l'espace de 27 kilomètres que d'aller en parcourir 65 ou 67.

Je m'arrête, Messieurs, je ne crois pas nécessaire
de vous exposer d'autres motifs ; ceux que je viens
d'énumérer seront suffisants pour vous déterminer
à émettre un vœu favorable au maintien de la préfecture à Draguignan. »

Le Conseil municipal, appréciant les motifs énu-
mérés ci-dessus par M. le Maire,

Émet le vœu que le chef-lieu de la préfecture soit
maintenu à Draguignan.

Au moment de publier cette 2ᵉ édition,
nous apprenons que le Conseil général du
Var, saisi du vœu du Conseil d'arroudisse-
ment de Toulon, demandant le transfèrement
du chef-lieu, vient de consacrer, par une
nouvelle délibération, les votes qu'il a si
souvent émis, dans ses précédentes sessions, en
faveur du maintien à Draguignan.

Nous aurions vivement désiré de reproduire
ici le texte même de cet important docu-

ment qui formait comme le complément
naturel de ce travail. Mais sa publication ne
doit pas, nous a-t-on dit, devancer celles des
autres délibérations de la session qui seront,
selon l'usage, réunies et publiées en volume,
à la fin de l'année.

www.ingramcontent.com/pod-product-compliance
Lightning Source LLC
Chambersburg PA
CBHW052152090426
42741CB00010B/2242